Zen Katzen

Marylka Bender

Zen Katzen

Patmos

Herausgegeben
von Dr. Hans Christian Meiser

Die Deutsche Bibliothek verzeichnet diese Publikation
in der Deutschen Nationalbibliografie;
detaillierte bibliografische Daten sind im Internet über
http://dnb.ddb.de abrufbar.

Umschlaggestaltung: grimm.design, Düsseldorf,
unter Verwendung einer Tuschemalerei von Marylka Bender
Layout und Satz Inhalt: Thomas Brink, Mönchengladbach
Printed in Austria

ISBN 3-491-45069-1
www.patmos.de

Lockende Liebkosung,
schmeichelndes Schnurren.

*Verständigung
von mir zu dir.*

Haschen, jagen,
haben wollen.

Mensch wie Tier.

Dem Menschen gleich,
kreist aller Katzen Jammer
um Freiheit, Jagd
und Liebe.

Angst besiegt keine Gefahr.

Sammle deine Kräfte.

Lauernder Feind,
fauchende Wut.

Angriff ins Leere.

Nur ein welkes Blatt
taumelt zur Erde.

Suche nicht
den Sinn des Lebens.

*Sein ist reichlich
Sinn genug.*

Nicht ärgern.

Es schadet
der Gesundheit
und freut
den Gegner.

Das Gute im Bösen.

Das Böse im Guten.

Schwer zu erkennen.

Höfliche Bitte
erreicht mehr
als Befehl.

Misstraue
schönem Schein.

Prüfe, ob er
auch verdaulich.

Nur
wer
weit
von
sich
fortgeht,

kommt
bei
sich
an.

Geschützte Wärme
auf engem Raum.

Freiheit weite Gefahr.

Zwei Wege zur Wahl.

Nicht für jedes Ohr
ist Gesang
von gleicher Schönheit.

*Der Gipfel des Berges
gibt Ausblick auf
Anfang und Ende.*

Nutze was
dazwischen liegt.

Kehre
der
Umwelt
den
Rücken
und
du
entdeckst
dich
selbst.

Frierend allein
ohne streichelnde Wärme.

Zu Hilfe.

Ein Sprung nach oben
lässt schnell vergessen
wie es unten war.

Von weither kommend
schreiten leise Pfoten
als ob nichts wäre.

Über Mäuseleichen hinweg.

Handle spielend,
spiele im Handeln.

*Aus Gleichklang
von beidem
erwächst der Erfolg.*

Im Dunkel der Nacht
Bäume erklettert.

Feinde gejagt,
gekämpft, geliebt.

Morgen wie heute.

Auch der Sanfteste
wird böse,
wenn er sich
auf den Schwanz
getreten fühlt.

Trotz deiner Würde
dreht sich die Erde.

Und du dich mit ihr.

Wie spiegeln mich
deine Augen.

Wie hört mich
dein Ohr.

Welch seltsames Wesen
bin ich für dich.

Gedanken kommen,
Gedanken gehen –
wie Nebenschwaden,

Lass sie ins Leere ziehen.

Gesang über alle Dächer
zum blauen Mond.

Ohne Antwort.

Erdachte Bedrohung,
gespielte Wildheit.

Von keinem
gefürchtet.

Bescheiden wird
am Tage verborgen,
was nachts
an Kühnem geschah.

Nur eine tote
Maus ist Zeuge.

Der
Katze
Trägheit
ist
der
Mäuse
Glück.

Auch Samtpfötchen
brauchen Krallen.

Übe sie zu wetzen.

Aus dem Reich
der Drachen.

*Augen wie Fackeln
durchleuchten die Nacht.*

Hunger der Seele
ist schwerer zu stillen,
als knurrender Magen.

Auf
dem
Dach
des
Hauses,
im
Lichte
des
Mondes,
zur
Liebe
bereit.

Ohne Gedanken
an Gestern
und Morgen,

nur die Gegenwart zählt.

Streunende
Neugier.

Listige
Schläue.

Lustvolles
Leben.

Ohne Verbot.

Des Löwen Gebrüll
lässt die Umwelt erzittern.

Der Katze
Beschwerde
verhallt
ungehört.

Natur will
dass Katzen
Mäuse jagen.

Ich kann
nichts dafür.

Ruhend
im Zentrum
deiner eigenen Welt,

suche den Weg
von innen nach außen.

Nicht aus
des Mannes Rippe,

aus einer Katze
entstand das Weib.

Nichts erzwingen,
warten auf den
rechten Augenblick.

Jeder
ein Einzelgänger –
noch nie gewesen,
nie wiederholbar.

Endlose Einfälle
der Natur.

Schönheit
ohne Gedanken,
ohne Wissen,
ohne Wollen.

Nur Sein.

Nicht immer
ist everybody's darling
auch jedermanns
Liebling.

Mit eigener Wärme
begegne der Kälte der Welt.

Bei Mondlicht
kehrt wieder,
was am
Tage geschah.
Schnurrend
und schnarchend
im Traum.

Die Ferne ruft.
Abenteuer lockt.

Leben wartet nicht.

Ich komme.

Gezwitscher der Vögel.

Gequake der Frösche.

Stimme der Menschen.

Jede Sprache
verschlossen in sich.

Keine
Freiheit,
vergitterte
Fenster,
versperrte
Türen.

Versäumtes
Leben.

Schwarzer Vogel
vor weißen Blüten
auf schwankendem Ast.

Verfehltes Ziel.

Verführung ist Paprika
in der Küche der Gefühle.

Auf besonnten Steinen
sitzend am Bach.

Spielende Fische
vom Wasser beschützt.

*Unüberwindliche
Trennung.*

Lass dir
vom Menschen
nicht raten,
nicht befehlen.

Du weißt
es besser.

Es laufen
der Katze
weiche Sohlen
lautlos
auf eigenem
Weg.

*Vom
trampelnden
Gleichschritt
der Menschen
verdrängt.*

Vertrauen
ohne
Sprache.

Verstehen
ohne
Worte.

Aus vernünftiger
Katzensicht
ist es schwer,
menschliches
Tun zu begreifen.

Das Ich
ist nur
ein halbes.

Erst im Du
schließt sich
der Kreis.

Wem gehört
der Schwanz,
dessen Spitze
dort um die Ecke
verschwindet?

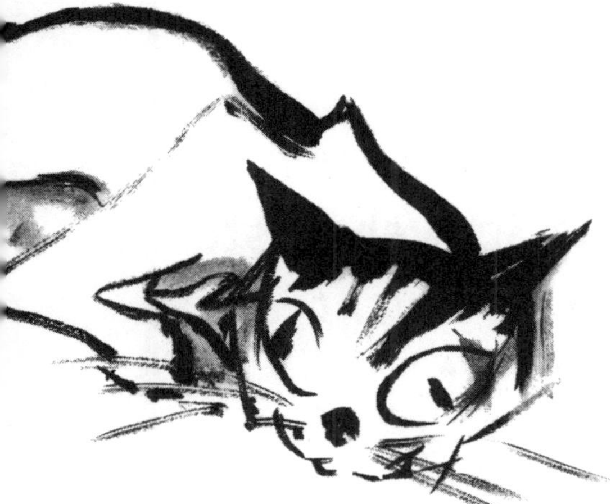

Verliebtsein
ist ein Schwebezustand,
der sich nicht lange
in der Luft halten kann.

Von
oben
gesehen,
ist
der
Mensch
ganz
klein.

In der Liebe
glaubst du dich
angekommen.

*Doch dort erst
beginnt der Weg.*

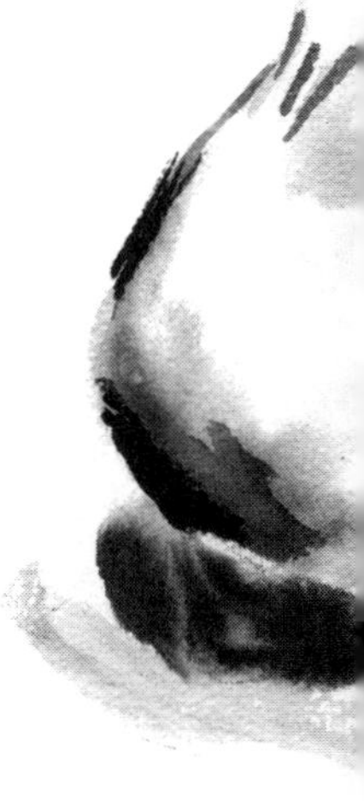

Die Vorstellung
ist beendet!

Die Zen-Katzen der Marylka Bender

Das Wesen des Zen lässt sich andeutungsweise als Entwicklung eines Erlebnisstromes im Individuum umschreiben, die ihm gestattet, sich einem vom begrifflichen Denken befreiten und vorstellungsentleerten Seinserlebnis hinzugeben. Das Heraustreten aus der »Leere« ermöglicht dem Menschen den Eintritt in eine andere, nun beliebig gewählte Vorstellungswelt mit der Wirkung eines Erlebnisses von Erstmaligkeit. Dieses regt zu Ausdrucksschöpfungen an, sei es als Handlung, als Sport, als dichterisch »verdichtete« Rede oder als eine besondere Form von Tuschemalerei. Eine solche Malerei wurde von den alten Zen-Meistern zur Kontrolle ihrer jeweils erreichten »Befreiung« geübt.
Sie orientiert sich nicht an den sichtbaren Formen des Modells, sondern wird in einem Erlebnis von Identifikation mit dem Objekt, sei es Mensch, Tier oder Pflanze, aus einer Tiefentspannung heraus in sekundenschnellem »Libido-Ansprung« auf die Malfläche geworfen.
Für den Abendländer setzt ein geglückter Libidowurf neben einer reifen zeichnerischen Fertigkeit, die eine reflexhafte Umsetzung von bildhaften Vorstellungen ermöglicht, auch die Beherrschung jener Entspannungstechnik voraus, die in den zwanziger Jahren des vorigen Jahrhunderts von dem Arzt J. H. Schulz unter der Bezeichnung »Autogenes Training« als Weg zur Befreiung von physischen und psychischen Unruhezuständen entwickelt wurde. Sie ist vor allem für den durch sein Leistungsdenken meist verspannten Abendländer von Bedeutung. Die spontane Tuschemalerei stellt eine der möglichen Äußerungen eines solchen aus der Tiefentspannung heraus entstandenen Libidowurfes dar. Ihre Technik entspricht dem Erlebnis der unreflektierten Hingabe an ein Tun, wie sie auch in den beiden anderen Zen-Künsten des Bogenschießens und des Schwertkampfes geübt wird. Wie der Schwertkampfgegner

verzeiht auch das mit blitzschnellen Pinselschlägen auf die Malfläche geworfene Tuschebild keine Schwäche.
Ein Zen-Wort sagt: »Jeder Pinselstrich hat sein eigenes Leben und seinen eigenen Tod.« Diese Freiheit gegenüber der Realität des Sujets führt dazu, dass ein einziger, im Malvorgang »gestorbener«, d. h. gehemmter Strich den Libidowurf blockiert und den bildhaften Ausdruck misslingen lässt. Eine Korrektur wäre psychologisch sinnlos und überdies in der Tuschemalerei so unmöglich wie das Rückgängigmachen eines Bogenschusses, der sein Ziel verfehlt hat. Infolge der lebendigen Flüchtigkeit, dem Bogenschuss gleich, wurden spontane Tuschemalereien im alten China nur als geistige Übungen erlebt und meist weggeworfen. Das ließ sie zu heute seltenen Kostbarkeiten werden, von denen in abendländischen Museen so gut wie nichts zu finden ist.
Aus der Beschäftigung mit dieser altchinesischen Sicht- und Arbeitsweise sind die »Zen-Katzen« der Malerin und Autorin Marylka Bender entstanden. Als Tochter des Kunstmalers Stanislaus Bender wurde sie in Polen geboren. Als Kleinkind kam sie mit ihren Eltern nach München, wo sie in einem musisch interessierten Milieu aufwuchs. Hier begann sie zunächst auch ihr Studium der Malerei, um es in Paris an der Ecole des Beaux Arts und im Atelier von Amédé Ozenfant fortzusetzen. Danach wirkte sie als Gebrauchsgraphikerin und wandte sich später ihrem eigentlichen Interesse, der freien Malerei, vor allem als expressionistisch orientierte Portraitistin zu, bis sie schließlich ihre eigene spontante Tuschemalerei in Anlehnung an den altchinesischen Ch'an (jap. Zen-) Stil entwickelte, was in ihrem Buch »Der tanzende Pinsel« seinen Niederschlag fand.
Nachweislich ist die Zen-Methode bis zum Dauerzustand der Erleuchtung allerdings nur dem genetisch und sprachlich im

fernöstlichen Kulturkreis Beheimateten vollziehbar. Begabung und Geduld vorausgesetzt, vermag er damit sein Selbst- und Welterlebnis auf eine höchste Bewusstseinsebene zu heben. Dem Abendländer ist ein anderer, wissenschaftlich orientierter Weg zu diesem Ziel vorgegeben. Doch wird auch ihm das Erkennen und Eintauchen in die fernöstliche Erlebniswelt auf seinem Weg hilfreich sein. Mögen die »Zen-Katzen« der Marylka Bender dazu beitragen. *Christian Kellerer*

Zur Künstlerin

Marylka Bender, Tochter eines Kunstmalers, wuchs in München auf und studierte dort und in Paris Malerei. Sie heiratete den Philosophen Christian Kellerer und setzte sich intensiv mit dem Weltbild des Zen auseinander. Heute lebt sie als Malerin und Schriftstellerin in München und Paris.